MENTES
LIBRES

ÉLIMINEZ LE STRESS

Techniques et exercices

CONTENU

Introduction

Je suis sûr que nous avons tous eu une dose désagréable de stress dans notre vie à un moment donné. Certains d'entre nous en font l'expérience à des degrés plus élevés que d'autres, et de plus en plus de gens souffrent de nos jours d'un stress plus important.

Nous avons la pression de nos emplois. La "sécurité de l'emploi" n'existe pratiquement plus de nos jours. Le divorce étant devenu une pratique plus acceptable, les taux de divorce ont augmenté, créant davantage de stress.

Avant, l'homme allait travailler tous les jours tandis que la femme restait à la maison et s'occupait de la maison et des enfants. Cette époque est révolue. La plupart des hommes et des femmes doivent travailler pour payer les factures. Avec l'augmentation des nouvelles technologies de la vie, elle nous oblige soit à évoluer avec le monde, soit à nous dissoudre.

Nous avons maintenant des factures de téléphone portable, d'internet, d'ipod, d'air conditionné, de lave-vaisselle, même si vous n'avez pas de TV plasma de nos jours, vous êtes presque à la traîne!

Le stress peut provoquer de nombreuses sensations désagréables dans votre corps, ce qui peut amener les gens à croire qu'ils souffrent d'une maladie grave.

Elle peut également conduire à:

- Anxiété et trouble panique
- Dépression
- Trouble obsessionnel compulsif

- Obésité
- Ulcères
- Diabète
- Les maladies cardiaques
- Toxicomanie
- Hyperthyroïdie
- Anorexie ou malnutrition
- Cancer
- Maladies des dents et des gencives

Voici une liste de symptômes qui peuvent provoquer un stress:

Physique

- Insomnie
- Douleur au dos, aux épaules ou au cou
- Stress ou migraine

- Malaises ou brûlures d'estomac, crampes, brûlures d'estomac, gaz, syndrome du côlon irritable

- Constipation, diarrhée

- Gain ou perte de poids, troubles alimentaires

- Chute de cheveux

- Tension musculaire

- Fatigue

- L'hypertension artérielle

- Battements de cœur irréguliers, palpitations

- Asthme ou essoufflement

- Douleurs thoraciques

- Mains ou paumes moites

- Mains ou pieds froids

- Problèmes de peau (urticaire, eczéma, psoriasis, tics, démangeaisons)

- Maladie parodontale, douleur à la mâchoire

- Problèmes de reproduction

- Suppression du système immunitaire : plus de rhumes, de grippes, d'infections
- Inhibition de la croissance

Emotionnel:

- Nervosité, anxiété
- Dépression, humeur
- Papillons
- Irritabilité, frustration
- Problèmes de mémoire
- Manque de concentration
- Des problèmes pour penser clairement
- Sentiment de perte de contrôle
- Toxicomanie
- Phobies
- Réactions exagérées
- Les larmes
- Il n'a aucun sens de l'humour

- Sentiment d'être dépassé et incapable de faire face

Elle peut aussi causer:

- Augmentation du nombre d'arguments
- Isolement des activités sociales
- Conflit avec des collègues ou des employeurs
- Changements fréquents de travail
- La rage sur la route
- Violence domestique ou sur le lieu de travail

C'est pourquoi il est si important d'apprendre à réduire le stress. Dans ce livre, je vais donc vous montrer quelques techniques de relaxation naturelles que vous pouvez utiliser pour réduire votre niveau de stress.

Chapitre 1: Massages

Les bienfaits du massag:

- Il libère des endorphines, un analgésique naturel qui donne une sensation de bien-être.

- Aides pour la pression artérielle

- Aide votre rythme cardiaque

- Ralentir votre métabolisme

- Améliore la respiration

- Améliore la circulation sanguine

- Améliore la tension et la rigidité

- Améliore la mobilité et la flexibilité

- Réduit les spasmes et les crampes

- Réduit l'anxiété

- Et bien sûr, cela réduit le **STRESS** !

Voici un massage que vous pouvez vous faire

Debout ou assis, haussez les épaules et repoussez-les le plus loin possible.

Tenez-le maintenant pendant 5 secondes.

Répétez cette action 5 fois.

Maintenant, mettez votre main sur le haut de votre épaule et frottez fermement vers votre cou.

Faites-le 3 fois.

Maintenant, placez vos doigts sur la nuque et frottez d'un mouvement circulaire vers l'arrière de votre tête.

Répétez ceci 5 fois.

Éliminez vos maux de tête grâce à cette technique

Avec les deux mains, en commençant par le centre, frottez vos mains ensemble...

Et jusqu'aux tempes avec le bout des doigts.

Maintenant, mettez une main sur votre front. Avec les doigts en position horizontale, déplacez doucement votre main vers la racine des cheveux.

Répétez le processus avec l'autre main.

Continuez jusqu'à ce que la tension disparaisse.

Massez avec votre main

Cette petite technique est un ancien type chinois de massage et de guérison.

Avec l'autre main, placez votre pouce et votre index entre la toile de votre autre main à l'endroit où l'os se rejoint et massez.

Faites-le pendant une minute.

Ensuite, répétez le changement de mains.

Massage des pieds

Placez une main sur votre pied et l'autre sous la plante du pied, puis faites un léger mouvement de va et vient des orteils aux chevilles. Faites glisser vos mains jusqu'aux orteils.

Répétez.

Reposez votre pied avec une main. Serrez fermement chaque orteil et tirez sur chacun d'eux.

Avec un pouce sur l'autre, faites une ligne de pression ferme au centre de la plante du pied et des lignes de chaque côté. Puis, avec un pouce, faites des pressions circulaires sur la voûte plantaire et la plante du pied.

Reposez votre pied avec une main et faites de l'autre main un poing libre. Faites des mouvements d'articulation sur la plante du pied en agitant vos orteils par petits mouvements circulaires.

En tenant le pied d'une main, frappez la semelle de l'autre main, en éloignant la main du pied lorsqu'elle touche la semelle, de sorte que l'effet soit léger et élastique.

Maintenant, caressez votre cheville du bout des doigts, en vous approchant de la jambe et en glissant doucement vers l'arrière.

Terminez en caressant votre pied comme vous l'avez fait au début.

Bien sûr, il n'y a rien de tel que de se faire masser par quelqu'un d'autre.

Si vous êtes prêt à investir quelques dollars, adressez-vous à un professionnel. Regardez dans vos pages jaunes, vous verrez même que certains viendront chez vous pour le faire !

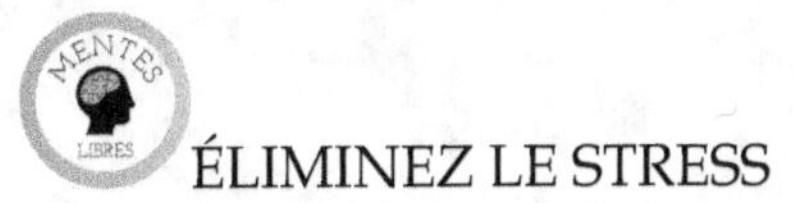

Chapitre 2: Méditation

Avantages de l'utilisation de la méditation:

- Augmente la cohérence des ondes cérébrales
- Développer une plus grande créativité
- Diminution de l'irritabilité et de l'humeur
- Améliore la capacité d'apprentissage et la mémoire
- Augmente le bonheur
- Augmente la stabilité émotionnelle
- Diminution de l'anxiété
- Diminution de l'hypertension artérielle
- Peut améliorer le taux de cholestérol
- Augmentation du débit d'air dans les poumons

- Un corps plus détendu
- Des niveaux de stress plus faibles
- Améliore la circulation
- Ralentir le processus de vieillissement

L'intérêt de la méditation pour soulager le stress est de vous libérer complètement de vos soucis.

Voici quelques conseils pour vous préparer à la méditation:

- Avoir l'estomac vide
- Assurez-vous que vous êtes dans un endroit calme où il n'y a pas de distractions.
- Assurez-vous que vous êtes assis dans une position confortable
- Je recommande de méditer dès le matin, pour être détendu le reste de la journée.

- Il est également optimal de s'entraîner tous les jours pendant au moins 15 minutes.

Voici une méditation rapide et facile que vous pouvez essayer:

Commencez par vous asseoir confortablement et assurez-vous que votre tour est bien droit. Regardez en bas et ne vous concentrez sur rien.

Laissez vos paupières tomber à un niveau qui vous est confortable. Cependant, ne fermez pas les yeux.

Continuez à regarder en bas. Votre respiration doit être plus lente et plus profonde.

Au bout de 5 minutes, refaites la mise au point de vos yeux normalement. Vous devriez vous sentir plus détendu.

La méditation n'est pas une chose facile à apprendre. Vous devez être dévoué et le pratiquer religieusement pour qu'il vous soit bénéfique.

Si vous voulez apprendre à méditer, je vous recommande de commencer par l'exemple rapide et facile que je viens de vous donner. Lorsque vous pouvez effectuer cet exercice avec succès, je vous recommande alors de vous pencher davantage sur la méditation.

Chapitre 3: Aromathérapie -Huiles essentielles

Les avantages de l'aromathérapie:

- Améliore la circulation
- Celui-ci m'a paru très intéressant à apprendre, il peut aussi aider dans le cas de la démence
- Réduit l'anxiété
- Aide à renforcer le système immunitaire
- Soulage la douleur et la tension
- Peut soulager les maux de tête
- Il peut vous aider à bien dormir

Comment utiliser les huiles d'aromathérapie:

- Dans la baignoire - ajoutez quelques gouttes

- Inhaler - Vous pouvez ajouter une goutte à votre main et inhaler

- Massage - assurez-vous qu'il est dilué

- Vaporisation - à l'aide d'un brûleur, l'odeur se répand dans toute la pièce

Voici une liste de quelques huiles essentielles relaxantes:

- La bergamote - apaisante, édifiante et bonne pour la tension et la dépression.

- La camomille - apaisante, bonne pour l'insomnie

- Le jasmin - un stimulant ou un sédatif, excellent antidépresseur et aphrodisiaque

- Le genévrier est bon pour la fatigue et pour augmenter l'estime de soi.

- Ylang ylang - apaisant ; utilisé comme aphrodisiaque et bon pour les crises de panique

- Le romarin - rafraîchissant et stimulant

- La mélisse - équilibre les émotions

- Bois de santal - utilisé comme antidépresseur et aphrodisiaque

- Vétiver - équilibre le système nerveux, bon pour l'insomnie

- La lavande, une huile très utile et populaire, utilisée pour la relaxation et comme antidépresseur et analgésique.

- Basilic - ascenseur

Une liste d'huiles essentielles qui peuvent être nocives si elles ne sont pas utilisées correctement - elles ne doivent être utilisées que par un aromathérapeute qualifié.

- Ajowan

- Amande, amère
- Arnica
- Bouleau, doux
- Feuille de boldo
- Balai, espagnol
- Calamus
- Camphor
- Langue de bois
- Ail
- Raifort
- Jaborandi
- Melilotus
- Artemis
- Moutarde
- Oignon
- Pennyroyal
- Rue
- Sassafras
- Thuja

- Wintergreen
- Wormseed
- Wormwood

Conseils:

- Diluez toujours les huiles essentielles dans une solution à 1 % ou 2,5 %.
- N'appliquez pas les huiles essentielles directement sur la peau.
- Lisez toujours les précautions figurant sur chaque bouteille avant de l'utiliser

Avertissements

HAUTE PRESSION DE SANG - évitez les cyprès, les clous de girofle, la noix de muscade, le pin, le romarin, la sauge et le thym.

BASSE PRESSION DE SANG - évitez la marjolaine douce et l'Ylang Ylang.

L'EPILEPSIE - évitez le fenouil, l'hysope, la menthe et la sauge.

INSOMNIE - évitez la menthe, le basilic, la verveine citronnée et le romarin.

PROBLÈMES GASTIQUES - évitez la cannelle, le clou de girofle, l'ail, l'origan et les graines de persil.

MALADIE CHRONIQUE DES ENFANTS/Problèmes urinaires - évitez les baies de genièvre, l'eucalyptus, les graines de persil et le poivre noir.

DÉCHETS DES PARTIES ÉTROGÈNES - évitez le géranium.

EXPOSITION AU SOLEIL - avant d'aller au soleil ou d'utiliser les lits de bronzage, évitez la bergamote, le pamplemousse, le citron, le citron vert, la mandarine et l'orange.

IRRITANTS POUR LA PEAU - utilisez au maximum 3 gouttes lorsque vous utilisez les huiles suivantes dans un bain : basilic, citron, citronnelle, muscade, menthe et thym.

FIBRILATION CARDIAQUE - ne pas utiliser de menthe ni de romarin.

AMAZON - certaines huiles essentielles peuvent aider, mais il faut procéder avec prudence.

GROSSESSE - Consultez votre médecin avant d'utiliser des huiles essentielles.

Chapitre 4: Comment réduire la tension musculaire

Voici un petit exercice que vous pouvez utiliser pour réduire la tension musculaire.

Commencez par enlever vos chaussures et veillez à ne pas porter de vêtements serrés. Vous pouvez le faire allongé sur le sol ou dans votre lit. Placez un oreiller sous votre tête. Fermez les yeux et concentrez-vous sur une respiration lente, en insistant davantage sur l'expiration.

Serrez les muscles de votre pied droit et tenez-le pendant 5 secondes, puis relâchez. Serrez le muscle du mollet de votre pied droit et maintenez-le pendant 5 secondes, puis relâchez. Serrez le muscle de la cuisse de votre jambe droite et maintenez-le pendant 5 secondes, puis relâchez. Répétez cette même séquence avec votre jambe et votre pied gauches.

Serrez les muscles du bras droit, serrez les poings pendant 5 secondes, puis relâchez. Répétez cela maintenant avec votre bras gauche.

Serrez chacune de vos fesses, en les maintenant pendant 5 secondes à chaque fois, puis détendez-vous. Ensuite, resserrez les muscles de votre ventre et détendez-vous.

Soulevez vos épaules jusqu'aux oreilles, tenez-les pendant 5 secondes, puis détendez-vous. Répétez cela trois fois. Déplacez doucement votre tête d'un côté à l'autre.

Maintenant, froncez les sourcils et plissez le nez, tenez-le pendant 5 secondes, puis détendez-vous. Maintenant, levez les sourcils et détendez-vous.

Concentrez-vous sur votre respiration. Agitez vos doigts et vos orteils, pliez les genoux et roulez doucement sur le côté, puis levez-vous lentement.

Vous vous sentez plus détendue maintenant?

Chapitre 5: Musique

- Il ne fait aucun doute que la musique peut avoir un effet profond sur vos émotions. Et certaines chansons vous rappelleront des souvenirs.

- Si vous avez déjà remarqué que vous conduisez votre voiture et que vous écoutez la radio et que soudain une chanson d'il y a dix ans apparaît et que vous vous souvenez avoir chanté cette chanson à pleins poumons avec vos amis, et que soudain vous vous sentez heureux?

- Ou peut-être entendez-vous une chanson que vous avez jouée lorsque vous étiez séparé de quelqu'un de spécial et que soudain vous vous sentez triste?

- Ou même quand vous entendez une chanson pour la première fois, le refrain vous frappe en plein cœur, et vous pleurez...

Voyons les avantages de la musique de relaxation:

- Soulage l'anxiété

- Aide à soulager le stress de votre travail

- Vous aide à vous remettre d'une blessure au cerveau

- Aide à améliorer le bien-être émotionnel

- Peut aider à soulager la douleur aiguë ou chronique

- Elle réduit les risques d'hypertension.

- Vous aide à rester calme

- Réduit le rythme cardiaque

- Ralentir la respiration

- Ralentir votre réflexion

Chapitre 6: Exercice

Les avantages de l'exercice physique:

- Réduire le risque de décès prématuré
- Réduire le risque de développer et/ou de mourir d'une maladie cardiaque
- Réduire l'hypertension artérielle ou le risque de la développer
- Réduire l'hypercholestérolémie ou le risque de développer un excès de cholestérol
- Réduire le risque de développer un cancer du colon et du sein
- Réduire le risque de développer un diabète
- Réduire ou maintenir le poids ou la graisse corporelle

- Construire et maintenir des muscles, des os et des articulations en bonne santé

- Réduire la dépression et l'anxiété

- Améliorer le bien-être psychologique

- Amélioration des performances en matière de travail, de loisirs et de sport

Des exercices que vous pouvez faire dans le confort de votre foyer:

- Asseyez-vous.

- Utilisez vos démarches si vous en avez, cela ne prend qu'une seule étape. Cela fera travailler les muscles des jambes et augmentera un peu l'adrénaline.

- Soulevez les poids du bébé pendant que vous regardez la télévision

- Rétraction de l'estomac (si vous n'êtes pas sûr de ce que c'est, je vais vous expliquer : asseyez-vous droit sur une chaise avec le dos appuyé contre le dossier de la chaise, expirez et en même temps aspirez votre ventre, maintenez-le pendant 2 ou 3 secondes, puis relâchez votre ventre pendant que vous expirez)

- Squats
- Faites l'exercice d'aérobic (il y a généralement un programme d'aérobic le matin) ou, bien sûr, vous pouvez toujours acheter une vidéo d'exercice d'aérobic.

Bien sûr, rien de tel que de sortir de la maison et de se promener dans le parc ou les jardins botaniques pour profiter du monde qui nous entoure et le connaître.

Une marche de 15 minutes par jour fera des merveilles pour vous. Et bien sûr, la lumière du soleil a aussi ses avantages pour vous. Il a été rapporté que les scientifiques pensent que la lumière du soleil peut aider à prévenir ces cancers :

- Le cancer du sein
- Cancer du côlon
- Cancer des ovaires
- Cancer de la vessie
- Cancer de l'utérus
- Cancer de l'estomac
- Cancer de la prostate

Détendez-vous et relaxez-vous !!!!

Visitez notre site web! Obtenez d'autres livres de MENTES LIBRES!

https://www.amazon.fr/MENTES-LIBRES/e/B08274DDV4?ref_=dbs_p_ebk_r0 0_abau_000000

Si vous le souhaitez, vous pouvez laisser votre commentaire sur ce livre en cliquant sur le lien suivant afin que nous puissions continuer à nous développer! Merci beaucoup pour votre achat!

https://www.amazon.fr/dp/B089995M3K

www.ingramcontent.com/pod-product-compliance
Lightning Source LLC
Chambersburg PA
CBHW050709250726
48662CB00002B/923